Philipp Hujo

Le cumul de responsabilité. L'arrêt Lemonnier du 26 juillet 1918

GRIN Verlag

Bibliografische Information der Deutschen Nationalbibliothek:

Die Deutsche Bibliothek verzeichnet diese Publikation in der Deutschen National-
bibliografie; detaillierte bibliografische Daten sind im Internet über http://dnb.d-
nb.de/ abrufbar.

Impressum:

Copyright © 2006 GRIN Verlag GmbH
Druck und Bindung: Books on Demand GmbH, Norderstedt Germany
ISBN: 978-3-656-62624-4

Dieses Buch bei GRIN:

http://www.grin.com/de/e-book/110161/le-cumul-de-responsabilite-l-arret-lemonnier-
du-26-juillet-1918

GRIN - Your knowledge has value

Der GRIN Verlag publiziert seit 1998 wissenschaftliche Arbeiten von Studenten, Hochschullehrern und anderen Akademikern als eBook und gedrucktes Buch. Die Verlagswebsite www.grin.com ist die ideale Plattform zur Veröffentlichung von Hausarbeiten, Abschlussarbeiten, wissenschaftlichen Aufsätzen, Dissertationen und Fachbüchern.

Besuchen Sie uns im Internet:

http://www.grin.com/

http://www.facebook.com/grincom

http://www.twitter.com/grin_com

Le cumul de responsabilité

L'arrêt Lemonnier du 26 juillet 1918

Un COMMENTAIRE D'ARRÊT

Philipp Hujo

University of Warwick

- School of Law -

2006

COMMENTAIRE D'ARRÊT

« Le roi ne peut mal faire » Ce principe d'une irresponsabilité administrative qui reflète la conception d'une Administration souveraine dans l'ancien régime fut abandonné au milieu du XIXième siècle avec la décision *Blanco*[1].

Dès que cette véritable responsabilité administrative « commence à être admise », on peut constater une grande évolution, en particulier dans les rapports entre la responsabilité personnelle des agents publics et la responsabilité de l'administration.[2] Cette évolution est marquée par le passage d'un système de "non-cumul" des responsabilités à un système qui oblige l'administration pour ses agents. *Benoît* décrit l'ancien système comme suit : « La responsabilité du puissance publique cessait là ou commençait la responsabilité de l'agent » Cette logique fut abandonnée au début du XXème siècle avec l'introduction d'une nouvelle théorie de la responsabilité administrative. Cette théorie est le résultat d'une décision rendu par le Conseil d'Etat le 26 juillet 1918.

Lors de la fête annuelle de la commune de Roquecourbe, Midi Pyrénées, le maire avait autorisé l'installation d'une attraction de tir à la carabine sur des buts flottants sur la rivière l'Agout. Le 9 octobre 1910 madame Lemonnier, se promenait longeant la rive opposée et fut blessée par une balle provenant du tir.[3]

Les époux Lemonnier ont tout d'abord demandé réparation du préjudice subi par la dame Lemonnier devant le tribunal civil de Castres qui s'est déclaré incompétent (9 novembre 1911)

Ils ont aussi formé auprès du conseil municipal de Roquecourbe une demande formelle (4 mai 1912). Celui-ci ayant gardé le silence pendant plus de quatre mois, les époux Lemonnier saisirent le Conseil d'Etat d'une demande d'annulation de la décision implicite de rejet Conseil Municipal et de condamnation de la commune de Roquecourbe à leur payer une indemnité de 15.000 F. Dans un deuxième pourvoi qui tend à la même fin et pour cela était joint du Conseil d'Etat, ils s'adressent contre la

---

[1] Rendu le 8 février 1873 par le Tribunal des conflits.
[2] Bénoit, Francis-Paul; "Le droit administratif français", Librairie Dalloz, Paris, 1968, p. 723.
[3] http://www.conseil-etat.fr/ce/jurisp/index_ju_la13.shtml

décision du conseil municipal, en date du 15 juin 1912, qui rejette leur demande d'indemnité.

En plus de l'action introduite devant le Conseil d'Etat ils ont fait appel du jugement du tribunal civil de Castres devant la Cour de Toulouse et ainsi poursuivi une double action devant l'autorité judiciaire. Dans un arrêt du 30 janvier 1913 celui-ci a déclaré le maire personnellement responsable et l'a condamné à payer une somme de 12000 F aux époux Lemonnier. En même temps il s'est déclaré incompétent pour la responsabilité administrative. La responsabilité des communes ne peut être appréciée que par la juridiction administrative.

Contre cet arrêt rendu par la Cour de Toulouse, M. Laur forme un pourvoi devant la Cour de Cassation (admis le 30 juin 1914) qui lorsque le Conseil d'Etat a rendu son jugement n'avait pas encore statué sur l'affaire.

Le problème qui se posait pour les juges du Conseil d'Etat dans sa décision du 26 juillet 1918 était de savoir s'il est possible de saisir à la fois la juridiction judiciaire et la juridiction administrative pour un préjudice causé par la faute personnelle d'un agent public qui était chargé de l'exécution d'un service public. Autrement dit, si la victime de l'accident a aussi le droit de poursuivre directement la personne publique qui a la gestion du service dont il s'agit.

La décision du Conseil d'Etat constitue un élargissement de la responsabilité de l'administration pour des fautes commises par ses agents.

Après avoir vu les bases d'une responsabilité de la puissance publique (I) on va considérer les développements positifs de l'indemnisation des victimes à l'aide des théories des cumuls. (II)

PLAN

I. Responsabilité de la puissance publique pour ses actions

A.   Du cumul de fautes...

Depuis l'arrêt *Pelletier*[4] du 30 juillet 1873 on distingue entre la faute de service, qui engage la responsabilité de l'administration devant la juridiction administrative, et la faute personnelle, qui engage la responsabilité de l'agent qui doit être jugé devant l'autorité judiciaire.

La victime peut donc s'adresser au juge judiciaire invoquant une faute personnelle de l'agent ou saisir le juge administratif pour faute de service.

Presque 40 ans plus tard le Conseil d'Etat décide dans l'arrêt *Anguet*[5] du 3 février 1911 qu'une faute personnelle pouvait, dans certains cas, se cumuler avec une faute de service et ainsi engager la responsabilité de l'administration, ainsi que « l'Etat doit réparer la totalité du préjudice.»[6] Il s'agissait ici d'un client qui était brutalement expulsé par des employés d'un bureau de poste ayant fermé avant l'heure réglementaire. Ici on peut bien argumenter qu'il s'agit d'une faute personnelle, à savoir le comportement violent des agents. Mais le dommage était également causé par une faute de service : le mauvais fonctionnement du service des postes (fermeture avant heure). Si bien qu'on peut dire que les deux fautes cumulées ont contribué à la réalisation du dommage. C'est pour ça qu'on a donné à la victime le choix de l'action.[7] De nos jours il s'agit de plus en plus d'un défaut de surveillance qui oblige l'Administration.[8]

---

[4] T.C. 30 juillet 1873, Rec., p. 117, accessible on-line par : http://www.jura.uni-sb.de/france/saja/ja/1873_07_30_tc.htm

[5] Rec., p. 146, ou GAJA n° 26, est aussi accessible par le site Web : http://www.jura.uni-sb.de/france/saja/ja/1911_02_03_ce.htm

[6] Dupuis, Georges; Chrétien, Patrice; Guédon, Marie-Jose; Droit administratif, 9ième édition, Armand Colin, 2004, 570.

[7] Un Dossier réalisé par Laurence GIMENEZ - CNRS / DR15 sur la responsabilité de l'administration et de ses agents, on-line : http://www.cnrs.fr/aquitaine-limousin/article.php3?id_article=724

[8] Foillard, Philippe; "Droit administratif"; Centre de Publication Universitaires, Paradigme, Orleáns, 2002/2003, p. 379.

B.   ... au cumul de responsabilité

L'arrêt *Lemonnier*[9] du 26 juillet 1918 va encore plus loin et constate que « la même faute peut entraîner à la fois la responsabilité de l'agent et celle de l'administration. »[10] et qu'il « existe ainsi dans un même fait, une faute personnelle et une faute de service. »[11]

Ici le maire de Roquecourbe, en tant qu'exécuteur, était chargée de veiller à la sécurité des voies publiques et ainsi a commis une faute grave en autorisant l'établissement du tir. *Blum* justifie un cumul de responsabilité parce que « les moyens et les instruments de la faute ont été mis à la disposition du coupable par le service... [et] si la victime n'a été mise en présence du coupable que par l'effet du jeu du service, si en un mot, le service a conditionné l'accomplissement de la faute ou la production de ses conséquences dommageables vis-à-vis d'un individu déterminé ».

Blum conclue que si « la faute se détache peut-être du service - c'est affaire aux tribunaux judiciaires d'en décider -, mais le service ne se détache pas de la faute. Alors même que le citoyen lésé posséderait une action contre l'agent coupable, alors même qu'il aurait exercé cette action, il possède et peut faire valoir une action contre le service. »

La conséquence est qu'une responsabilité du service devient la règle, sauf qu'il « peut être tenu pour complètement étranger à la faute, même personnelle, de l'agent. »[12]

Braibant et Stirn parlent justement d' « une conception très large de la notion de faute de service. »[13]

Néanmoins on doit prendre en considération que ce nouveau pas dans le développement de la responsabilité administrative n'était pas fait sans intention politique. Il est normal que les dommages causés par l'Etat doivent être réparés, surtout si on tient compte de « l'augmentation des interventions de l'administration

---

[9] Aussi GAJA n° 36.
[10] Site de Web du Conseil d'Etat ; http://www.conseil-etat.fr/ce/jurisp/index_ju_la13.shtml
Analyse de l'arrêt du 26 juillet 1918 - Epoux Lemonnier - Rec. Lebon p. 761
[11] Braibant, Guy et Stirn, Bernard; "Le droit administratif français", 4ieme édition, 1997, Presses de sciences Po et Dalloz, Paris, p. 279
[12] Blum, Léon (commissaire du Gouvernement); Conclusions dans Jurisprudence Générale 1918, Recueil périodique et critique de jurisprudence, de législation et de doctrine. Dalloz, Paris.
[13], Braibant / Stirn, p. 279.

dans de nombreux domaines et de la densité des moyens mis en œuvre. »[14] La théorie du cumul découlant de la décision *Lemonnier* facilite l'effort d'indemniser les victimes des activités administratives.

II. Une garantie de compensation pour les victimes

A. Les effets de l'arrêt *Lemonnier*

Le grand désavantage du système ancien représentant un « inconvénient grave pour les victimes »[15] était que la faute personnelle et la faute de service s'opposaient d'une manière exclusive, en effet, la victime ne pouvait pas agir contre l'administration en cas de faute personnelle et vice versa.[16]

On peut bien dire que le cumul des responsabilités « a été construit par le juge pour protéger les victimes»[17] . Effectivement, ce cumul de responsabilité joue un grand rôle pour la victime, « car le risque d'insolvabilité de l'agent public, conduira la victime à systématiquement préférer la voie de l'action contre l'administration pour obtenir réparation de l'intégralité du dommage.»[18] La solvabilité de l'Etat, c'est-à-dire une collectivité, est plus sûre que celle d'un agent en tant qu' individu.

Bien sûr on n'a pas oublié d'établir une procédure de subrogation pour éviter une double indemnisation des victimes. Dans certains cas cette action récursoire permet à l'Administration de revendiquer compensation de ses agents fautifs.[19]

On peut tout de même se demander si la jurisprudence récente ne va pas trop loin. Le cumul de responsabilité, spécialement ses dernières tendances ne sont pas sans critiques. *Braibant / Stirn* trouvent que « cette jurisprudence est très favorable aux

---

[14] Gimenez, loc. cit.
[15] De Forges, Jean-Michel; "Droit administratif", Presses universitaires de France, Paris, 1991. p. 314
[16] Digne d'être lu : LA RESPONSABILITE DE L'ADMINISTRATION ET DES AGENTS DE L'ADMINISTRATION accessible on-line :
http://playmendroit.free.fr/droit_administratif/la_responsabilite_de_l_administration_et_des_agents_de_l_administration.htm
[17] Dupuis, Chrétien, Guédon; p. 569.
[18] Prof. Autexier Saarbruecken
http://www.jura.uni-sb.de/FB/LS/Autexier/skripteca/DPFStaatsexamen/chapitre2/para7.htm
[19] voir Ass. 28 juillet 1951, Laruelle , p. 464

fonctionnaires qui peuvent commettre des sottises et engager ainsi leur responsabilité sans en supporter les conséquences sur leurs derniers. »[20]

Cependant c'est une protection des victimes à juste titre, qui semble impossible sans un tel système qui oblige la personne morale derrière les agents.

B. L'évolution se poursuit – Derniers développements.

La décision dans Lemonnier est encore valide, mais la jurisprudence ultérieure a opéré un élargissement de la théorie du cumul de responsabilité. Dans le cas *Quesnel*[21], une receveuse des postes a commis un vol dans l'exercice de ses fonctions et « ...il résulte que la seule circonstance que la faute personnelle ait été commise dans le service suffit pour que la responsabilité de l'administration soit engagée... »[22] ou « à l'occasion du service » comme dans *Paumier*[23], relatif à la brutalité policière ou au saccage commis par des militaire.

Ça signifie implicitement qu'une faute de service pure n'existe pratiquement plus, au contraire qu'une faute personnelle des agents essaie d'entraîner la responsabilité de l'administration.

En réalité les cas d'une responsabilité d'agents sont très rares, elle est seulement engagée quand la faute personnelle est commise hors du service. Cette question se posait dans les cas *Mimeur, Defaux, Besthelsemer*[24] qui tous concernaient des accidents causés par véhicules utilisés en dehors du service.

Dans l'arrêt *Mimeur,* un agent public voulait profiter de l'occasion pour rendre visite à sa famille, ce qui était donc dans un but strictement personnel. Sur le chemin du retour de son travail il ne prenait pas la route directe et a causé un accident.[25]

Ce développement culmine dans une décision très récente, de 2004, qui applique l'arrêt *Epoux Lemonnier*. Ici, un sous-brigadier de la police de l'air et des frontières en charge

---

[20] Braibant, Guy et Stirn, Bernard; "Le droit administratif français", 4ieme edition, 1997, Presses de sciences Po et Dalloz, Paris, p. 280. Voit aussi Bénoit, p. 725.
[21] C.E. 21 avril 1937, Delle Quesnel, Rec. 413
[22] Long, M.; Weil, P.; Breibant, G.; Les grands arrêts de la jurisprudence administrative. 10ième edition, Sirey, p. 193.
[23] C.E. 25 nov. 1955, Dame veuve Paumier, Rec. 564.
[24] CE 18 novembre 1949, Mimeur, Recueil 146, aussi GAJA n° 75.

de régler la circulation près de l'aéroport de Fort-de-France arrête un automobiliste et fait feu sur lui sans motif légal.[26]

Si on regarde ce dernier développement le résultat de la décision *Lemonnier*, qu'on a analysé ici, paraît très loin. L'idée d'une garantie de compensation a déterminé la jurisprudence. Il reste la question de savoir si cette construction ne devait pas être achevé d'une autre manière, par exemple par un fonds de solidarité dans le secteur publique et sans étendre les principes de la responsabilité.

---

[25] Décision accessible on-line par: http://www.cnrs.fr/aquitaine-limousin/IMG/pdf/Arret_MIMEUR.pdf
[26] Dans LA SEMAINE JURIDIQUE, EDITION GENERALE, 06 octobre 2004 - No 41 - IV 3 024 JCP G 2004, IV 3 024, accédé via Lexis Nexis Professional 12 mars 2006.

Références et bibliographie

Livres & articles

Bénoit, Francis-Paul   *Le droit administratif français*
Librairie Dalloz, Paris. (1968)

Blum, Léon *Observations*
Conclusions dans Jurisprudence Générale 1918, Recueil périodique et critique de jurisprudence, de législation et de doctrine. Dalloz, Paris. (1918)

Braibant, Guy et Stirn, Bernard *Le droit administratif français*
4ième ed., Presses de sciences Po et Dalloz, Paris. (1997)

De Forges, Jean-Michel *Droit administratif*
Presses universitaires de France, Paris. (1991)

Dupuis, Georges; Chrétien, Patrice   *Droit administratif*
et Guédon, Marie-Jose 9ième édition, Armand Colin. (2004)

Foillard, Philippe *Droit administratif*
Centre de Publication Universitaires, Paradigme, Orleáns. (2002/2003)

Long, M.; Weil, P.; Breibant, G.   *Les grands arrêts de la jurisprudence administrative.* 10ième edition, Sirey.

Internet

Direction du Centre national de la recherche scientifique. http://www.cnrs.fr/aquitaine-limousin/article.php3?id_article=724 Un Dossier réalisé par Laurence GIMENEZ - CNRS / DR15 sur la responsabilité de l'administration et de ses agents.

Site de Web du Conseil d'Etat ; http://www.conseil-etat.fr/ce/jurisp/index_ju_la13.shtml
Analyse de l'arrêt du 26 juillet 1918 - Epoux Lemonnier -

Site de Playmendroit, sur la responsabilité de l'administration
http://playmendroit.free.fr/droit_administratif/la_responsabilite_de_l_administration_et_des_agents_de_l_administration.htm

Site de Prof. Autexier Saarbruecken, chaire de droit public français.
http://www.jura.uni-sb.de/FB/LS/Autexier/skripteca/DPFStaatsexamen/chapitre2/para7.htm

Décisions

C.E. 3 février 1911, *Anguet*, Rec., p. 146, ou GAJA n° 26.

C.E. 21 avril 1937, *Delle Quesnel*, Rec. 413.

C.E. 18 novembre 1949, *Mimeur*, Rec. 146, aussi GAJA n° 75.

C.E. 28 juillet 1951, *Laruelle* , Rec. p. 464.

C.E. 25 novembre 1955, *Dame veuve Paumier*, Rec. 564.

T.C. 8 février 1873, *Blanco*

T.C. 30 juillet 1873, *Pelletier*, Rec., p. 117.

T.C. 21 juin 2004, no. 3389